ALFAGUARA

ALFAGUARA JUVENIL

ALFAGUARA

AMORCITOS SUB-14
D.R. © ELSA BORNEMANN, 2003
D.R. © de las ilustraciones: Muriel Frega
D.R. © Aguilar, Altea, Taurus, Alfaguara, S.A., de 2003
Beazley 3860 (1437) Buenos Aires.

D.R. © de esta edición:
Santillana Ediciones Generales, S.A. de C.V., 2006
Av. Universidad 767, Col. Del Valle
México, 03100, D.F.

Alfaguara es un sello editorial del **Grupo Santillana**:
Éstas son sus sedes:

ARGENTINA, BOLIVIA, CHILE, COLOMBIA, COSTA RICA, ECUADOR,
EL SALVADOR, ESPAÑA, ESTADOS UNIDOS, GUATEMALA, MÉXICO,
PANAMÁ, PARAGUAY, PERÚ, PUERTO RICO, REPÚBLICA DOMINICANA,
URUGUAY Y VENEZUELA.

Primera edición: abril de 2006
Primera reimpresión: enero de 2010

Diseño y formación: Rosina Claudia Tapia Márquez

ISBN: 978-970-770-428-2

Impreso en México

Amorcitos Sub-14
(El libro de los chicos enamorados)

Elsa Bornemann
Ilustraciones de Muriel Frega

PALABRAS INICIALES

¡BIENVENIDOS!

¿Saben que se me ocurre que este nuevo libro es como una escalera o un ascensor de papel, a través de los cuales se va ascendiendo de poema en poema?

¿Por qué digo esto? Pues porque —después de las dos primeras poesías— agrupé a todas las demás en tres secciones de diferentes títulos y contenidos, tomando muy en cuenta las edades de los lectores para quienes son dedicados.

Escalera o ascensor imaginarios... Y sí... dado que si bien el libro está totalmente inspirado en los amorcitos sub-14 y puede leerse —con absoluta libertad— de acuerdo como a cada cual más le guste, yo ubiqué los versos —incluidos en cada temática— partiendo de los escritos especialmente para chicos de nueve... diez... A continuación, les siguen los creados para más grandecitos.

Entonces, si la lectura se hace en ese orden, será como ir subiendo a través de los años que cada uno tuvo y/o tiene.

Espero haberme expresado con claridad...

¡Y ojalá les encante transitar este pequeño mundo de papel!

Los abraza,

Dornemann (o Elsy)

Amorcitos sub-14

Poema a modo de dedicatoria

Hoy mi alma estrena
el año dos mil tres...
con dicha y pena.

Miro al espejo...
En quienes ya no están,
yo me reflejo.

Sufro por eso...
Sin embargo, a su luna
la estampo a besos...,

pues veo –de frente–
los rostros más valiosos
de *este* presente.

La dicha —ahora—
de millones de chicos
espectadora.

Mis más amados…
A ellos, este libro
va dedicado.

Canción de los amorcitos
sub-14

Son niños o jovencitos
de catorce y descendiendo:
de trece, doce, once, diez...
y –aún– menos años teniendo.

Ellos –por primera vez–
se sorprenden "ennoviados"...
Vibran con sus sentimientos,
secretos o declarados.

De corazones contentos...
De estreno de nueva vida...
Frente a frente a esa emoción,
a dúo... si es compartida.

Inauguran la pasión
de susurrar un "te quiero"...
Amorcitos sub-14...
¡más bellos que el mundo entero!

Sensibles... –ah... muchachitos...–
soñadores, "aduendados"...
Tema de *toda* canción
los chicos enamorados...

PIROPOS

Piropos[*]

Quisiera ser pajarito
y volar siempre a tu lado...
Para ti, yo aletearía
gorjeándote enamorado.

Secreto de confesión:
Te quiero... No te lo quito...
¡pero eres un ladroncito;
me robaste el corazón!

[*] *La palabra "piropo" designa una piedra preciosa —el grana-te— muy valorada por los joyeros y de un fascinante color rojo que recuerda al fuego. Se empezó usando como un halago al paso de una mujer, comparándola con esa joya. Y de ahí surgió el verbo "piro-pear", o sea decir piropos. Por lo tanto, se me ocurre que —acaso— el mejor elogio dirigido a un amorcito pueda ser decirle: "¡Eres un piropo!" ¿Qué te parece?*

Muñeca de carne y huesos,
tan hermosa que yo siento...
si sólo te diera un beso...
¡me moriría contento!

Flash, destello; días pasados
te conocí y un temblor
me dejó súper flasheado...
¡Instantáneo fue este amor!

Corazón de chocolate
tengo desde que te vi:
se derrite cuando late...
¿Lo probarías por mí?

Por mirarte, a toda hora
ando rondando tu casa.
Todo el tiempo te vería...
¿Adivinas qué me pasa?

¿Qué dirías si tu nombre
suelto desde un campanario
y publico —aunque te asombre—
que yo te quiero, en el diario?

Mensajes que vienen y van

Ramo de palabras

Un ramo de palabritas
–para ti– voy a sumar,
por la atractiva cartita
que –ayer– me hiciste llegar.

Palabras como azaleas,
con pájaros allí unidos.
Palabras "abracadabras"
de tus sueños más queridos.

Para tus años tempranos
(tu niñez, que es mi canción),
palabras hechas a mano...
y al borde del corazón.

Invitación escrita a mano en hoja de cuaderno y colocada en el bolsillo del delantal escolar de la compañera de año

¿Dale que a reír salimos,
que la vida es una fiesta
y —cual pan— la compartimos
los dos con la infancia puesta?

¿Dale que siempre te espero
para estrenar la alegría,
que como eres te quiero;
dale que tu pena es mía?

¿Dale que —a partir de hoy—
mi propio sueño es tu abrigo;
que tu primer novio soy,
sin dejar de ser tu amigo?

Adivinanza

De música una cajita...
(aunque toda de papel),
suena como campanita,
xilofón o cascabel.

"Musiquea" palabritas
que vibran con ton y son,
uniendo –en mágica cita–
corazón a corazón.

Adivina... Adivinanza...
(Tibio... Tibio... Frío... Frío...)
¿Qué corazones en danza?
¡Uno, el tuyo; el otro, el mío!

Adivinanza... Adivina:
¿Qué cosa es esa cajita
mensajera y cantarina?
¡Tu encantadora cartita!

Amores por correspondencia

Al mediodía –en el buzón–
una sorpresa: la carta tuya
que lanzó al aire tu corazón.
De papel, frágil, mágica grulla.

Con su mensaje enamorador
–entre sus alas de fantasía–
revolotea a mi alrededor;
sus aleteos son mi alegría.

¡Qué extraño encuentro entre tú y yo!
Somos –ya– novios y por correo...
Vaya si es raro lo que ocurrió...
Un beso enorme. ¿Te veo-veo?

La carta en la que todo cabe

Carta en la que todo cabe
se escapa de mi jardín.
La escribí sobre un jazmín,
en su pétalo más suave.

Y aunque es tan breve, te digo:
caben mil besos en ella...
para ti... mi nueva estrella,
mi noviecito... (¿Ex amigo...?)

Por ser así

¡Qué mensaje emocionante
el tuyo, recién llegado!
Va mi beso, caminante
hacia tu patio soleado
más un sobre re-invisible
con mil besos para ti,
por tu letra tan querible,
por ser como eres... así:
Muchachito singular,
tan joven... precoz artista...
(Nos hace el mundo temblar,
no lo perdamos de vista...,
pues con tu alma musiquera
y la mía –palabrista–
se identifica cualquiera

que es buena gente y se alista
muy junto a nosotros dos...)
De mi corazón abierto
rumbo al tuyo voy en pos,
con mi amorcito despierto...
¡para –pronto– recibir
en él... otra carta hermosa!
(Y me voy a despedir...
¡con un abrazo de osa!)

No te cuento

No te cuento qué alegría
tu *e-mail** me regaló:
estrellita a pleno día
que a mi alma deslumbró.

Y no te cuento que ahora
–ya de noche– brilla más...
Desde la computadora
junto conmigo estarás.

Qué joyita inesperada
es tu amorcito... y bien sé
que... aunque no te cuento nada...
¡lo cierto es que te conté!

* *Correo electrónico.*

DÚO TELEFÓNICO

Por fin el "ring-ring" se oyó...
Mi teléfono sonó
y me trajo –aquí– tu voz,
mi niña de negros ojos.
Por fin me llamaste –amor–
y entendiste mi dolor
de vivir sin ser de a dos...
de seguir sin tus antojos...

> Hoy
> llevo adentro el sol,
> siento que otro soy
> porque ya eres mía...
> Hoy
> sé que el mañana es mejor
> pues cuento con tu amor...

Por fin clausuré el ayer...
Creo en otro amanecer,
creo en el cielo otra vez
porque volviste a mi lado...
Mi tristeza es una flor
que se deshoja en color...
Todo el año es este mes
porque estoy enamorado...

E-MAIL ROSA

A la izquierda,
las dunas perezosas.
Un sombrero olvidado,
a la derecha.
De fondo, el mar...
¡qué bello hermano!
Invento un *e-mail* rosa,
en él pensando...

"La playa... Fin de enero...
... que al recibo... por allí...
... en Buenos Aires...
... ¿no me extrañas?...
... Desde esta piel
hecha a medida de tu ausencia,
te digo que te quiero,
que haces falta...

... Hola –dulce– ¿cómo estás?...
... Ganas de verte...
... Los dioses del momento
te reclaman..."
(Y va punto suspensivo
a este *e-mail* rosa...
que yo misma me escribo
y yo me vendo...)

PUENTE PARA DOS

Bello tu mensaje
que alegró mi día,
abriendo un paisaje
de imaginería.

Y —aunque no lo creas—
a tu lado estoy:
besitos virtuales
son los que te doy,

más risa imperdible,
a-bra-zo ti-pea-do,
caricia invisible,
¡*gracias!* subrayado...

Los *e-mails*... un puente
–silenciosa voz,
sin fin, transparente...–
puente para dos.

El reloj señala
tiempo computado
y –aunque aún no lo sepas–
estás a mi lado.

De alegrías... tristezas... y varios sentimientos y sensaciones de los primeros amorcitos

SUEÑO DE LUNA

Sueña la luna...
con nosotros muy juntos,
sin duda alguna.

La luna sueña...
y de tu amor y el mío
se cree dueña.

Cuando despierta,
los dos en compañía.
Ella, desierta...

¿POR QUÉ, POR QUÉ?

¿Por qué yo te quiero?
No me lo preguntes, yo no sé por qué...
Que te quiero mucho... eso sólo sé...

Buscaba en los días:
¿a quién?, ¿cómo?, ¿qué?...
Eso lo ignoraba... ¡pero te encontré!

Y tú estás conmigo...
Y yo estoy contigo en todo momento.
¿Iremos —muy juntos— hasta el fin del
tiempo?

VERSOS PARA UNA MORENITA

Gajo de sombra...
Pétalo de la noche...
Así él la nombra.

Tiniebla en rama...
Flor de la oscuridad...
Así la llama.

Su noviecita...
Su dulce amor primero...
Su morenita...

Duda

En papelitos,
en vidrios empañados
lo llevo escrito.

Su nombre bello...
(y una vez que lo escribo
mi beso es sello).

¡Ay!, ¿qué me pasa?
Desde que se mudó
frente a mi casa,

en ella –inquieto–
sólo en ella yo pienso...
¡Es mi secreto!

Mi vecinita...
Hija del sol parece
por rubiecita...

Ah... si pudiera
contarle lo que siento...,
algo siquiera...

¡Pero tampoco!
(¿será esto el amor...
o estaré loco?).

Pichón de estrella

Todos creen que Luciana
es una nena argentina...
Claro, tan dulce y galana,
quién es ninguno imagina...

Apenas la conocí,
su origen adiviné.
En sus ojos lo leí...
De su luz me enamoré...

De una galaxia lejana
esta Tierra eligió ella...
Hoy, al cielo abre ventana...
¡Mi "Lu" es un pichón de estrella!

Te veo-veo

Es mi deseo:
mañana, tarde y noche
te veo-veo.

Imaginero,
tu personita invento
cuando yo quiero.

Lejana... Ausente...
¡Aunque ni lo sospeches
estás presente!

SOLES MELLIZOS

Dos solcitos de juguete
le daría

para que brillen sus ojos
cada día;

para que a su luz, salte,
baile y ría...

para que crezca inventando
mediodías.

¿Para quién soles mellizos,
fantasías?

Para ella... mi amorcito...
niña mía...

Celos

Silencio en vuelo.
Como un pájaro herido
me hundo en el cielo...

—Chau —me dijiste
y a mi mejor amigo
lo preferiste.

Pero –en mi duelo–
no moriré de olvido...
¡será de celos!

De vacaciones
en muy distantes playas

No podré verte.
Un mes de vacaciones...
¡Qué mala suerte!

Me parte un rayo.
Iré —directamente—
rumbo al desmayo...

y —con razón—
¡a terapia intensiva
mi corazón!

(Yo me pregunto:
¿no pueden nuestros padres
pasarla juntos?)

CANCIÓN DE DISCULPA
PARA LA MAESTRA

No tengo la culpa
—Señora Mabel—
si estoy distraída,
pero verá usted
que el moño "trencero"
me hizo despeinar:
por arte de magia
se lanzó a volar.
Ahora es un inquieto,
blanco colibrí...
haciendo cabriolas
de aquí para allí.
Por toda mi espalda
siento —sabrá usted—
unas cosquillitas
que me hacen mover.

No tengo la culpa
—Señora Mabel—
si estoy distraída,
pero —¡ay!— mire usted:
todos los botones
de mi delantal
hoy se han rebelado,
¡saltan a jugar!
Y el sol que me guiña
tras el ventanal
se desnudó —bello—
sobre aquel parral...
Y aquí —en mi mochila—
recién encontré
la carta imposible
que tanto soñé...

No tengo la culpa
—Señora Mabel—
si estoy distraída...,
pero dígame:
¿Usted no fue niña?
¿No tuvo —algún día—
ocho, nueve años
y de amor "moría"
por un compañero
que no lo sabía,
justo hacia la siesta
cuando —amiga fiel—
la tarde nos suelta
duendes a granel?
¿Ya no lo recuerda,
Señora Mabel?

Su olvido

La noche tendió su manto
y en la vereda quedó
el eco y son de mi llanto
y de ese amor que acabó.

Yo quise gritar mi pena
pero mi boca calló.
Ella, pausada y serena,
de mi lado se alejó.

Quedé triste y solitario,
atragantado en dolor...
Ella es causa de mi daño
... ¡pero –también– de mi amor!

Pregunta

Pregunta si la quiero,
la vanidosa...
¡Por ella de amor muero!
(¿Se hace la osa?)

Reitera su pregunta.
Repite: —Dudo...
Su verbo –flecha en punta–
hiere a menudo.

Híper, plus, ultra, mega...
¡la súper amo!
Lo sabe... pero juega...
Hoy lo proclamo.

Amorcito imposible

... Hermosa... Blanco el vestido de gasas
leves...
Una flor empalidece en su talle mágico...
Negras pupilas... Mirada que tiende redes
hacia mis ojos de enamorado extático.

Mas siempre inmóvil, desoyendo mi penar...
Por eso, de obsesivo mi amor peca.
De corazón solo... No me puede amar
porque mi adorada... es una muñeca...

CUANDO NO LA VEO

¡Ay!, si ella falta
una tarde a la escuela,
mi pena asalta.

Si no aparece
un domingo en el parque,
mi dolor crece.

Desconcertado,
parezco yo un babero
deshilachado.

No hallo consuelo.
Noche de ojos abiertos
en mi desvelo.

Enamorado,
sin ella soy baldío,
bosque talado.

Si él me quisiera

Si él me quisiera...
Al mundo le daría
la vuelta entera,

para anunciarlo.
Y —si fuera posible—
¡publicitarlo!

Y ni me mira...
(por la profe de piano
arde y suspira...)

VERTE

Hoy no te tengo. Pienso en tu "ahora".
Qué diferente transcurre el día...
¿Y tu palabra... dónde se pierde;
a quién le habla tu voz que es mía?

¡Ya hace tres meses que ando contigo
y tú distante de mi querer!
He descubierto que –desde entonces–
yo vivo para volverte a ver.

Sobrenombres

"La distraída"...
"De nubes, la andariega"...
"Niña perdida"...

"Es una sombra"...
Todo el que me conoce,
así me nombra.

No ven mi herida:
la que me abrió en el alma
tu despedida.

Mi pensamiento
vuela por la ventana,
lo arrastra el viento.

Floto en su huida.
Tu ausencia me ha dejado
hueca la vida.

Pedido para mi espejito mágico

Ah... mi mágico espejito,
que aparezca –por favor–
en tu breve cristalito
mi primer secreto amor.

Pero que nadie se entere
de quién se trata... Si no,
harás que me desespere...
¡Que sólo lo vea yo!

¡Ay –espejo– que en tu luna
se dibuje –sé buenito–
radiante como ninguna
la cara de mi amorcito!

Romance del amor libre

Romance del amor libre
(porque todo amor lo es),
que cada corazón vibre
latiendo en su brillantez.
El amor libre... apacible
sol de infancia y madurez...
Imaginario, indecible,
sueño de una y otra vez,
insólito o previsible,
muy sereno o al revés.
Compartido o imposible;
relámpago sin después:
profundo e irresistible
aunque sólo dure un mes...
o tierno e indestructible
de los años a través.

Bendito sea el amor,
¡qué sentir privilegiado!
Se toca un cielo interior
si se vive enamorado...

¿CÓMO?

Ah, dime cómo hacer para olvidarte
y cómo despertarme en el olvido;
a decir que soy yo quien no te ama,
a repetir que no ando en tu latido.

Ah, dime cómo hacer para arrojarte
al fondo de tu piel y mi gemido,
si mi presente eres tú, si te conjugo
con el verbo del amor y del suspiro.

¿Debo empezar rompiendo madrugadas
a las tres de tu recuerdo en un domingo?
¿Perder toda memoria?... ¿Dime cómo,
para poder olvidarme que te olvido?

Poema en gris sostenido

De madrugada,
brincan sus ojos grises
sobre mi almohada.

Se cree mi amigo...
Por el alba –en penumbras–
su gris persigo.

No sabe nada...
Arco iris su mundo
y yo... agrisada...

Mi alma en tu *blue-jean*

Te llevaste mis ojos en tu cuerpo,
toda el alma en un bolsillo de *blue-jean*...
Ya amanece –mi amor– y estoy despierto
y llorando como llora un chiquilín.

Qué voy a hacer,
sin tu querer,
si me haces tanta falta que no sé vivir
sin ese roce de tu voz nombrándome...
sin ese modo tuyo de decir que sí...
sin tu guiñada azul buscándome...

Por tu "chau" en la placita el otro día,
dije "chau" al muchachito que yo fui...
De un portazo cerraste mi alegría,
apagaste la sonrisa para mí.

Qué voy a hacer
sin tu querer,
si cada día sobra desde que no estás,
si hasta mi piel se "atrista" recordándote.
¿Por qué no me enseñaste a desenamorar?
Mi casa seguirá esperándote...

Hoy

La vida es breve.
Un parpadeo fugaz,
destello leve.

¿La vida?, un flash...
Todo tiempo se bebe
y es muy voraz.

Pasos ligeros:
nosotros, su menú;
sus pasajeros.

Ah... Te propongo
que —entonces— tú y yo,
sin un rezongo,

hoy nos amemos
—de la nada herederos—
mientras estemos.

El tema es el domingo

Será un domingo,
cuando atardezca
yo me alejaré.
De azul olvido,
punta de ausencia,
me endomingaré.
Me buscarás
y encontrarás
tu soledad...

Tu boca loca
dirá mi nombre:
no lo entenderé.
De tanto amarte
me lo arrancaste;
te lo dejaré.
Junto a otra piel,
otro querer, otra he de ser.

Cada domingo
–cuando atardece–
parto un poco más.
Muchacho extraño,
a la intemperie
mi alma no halla paz...
Y sé que sí:
sin un adiós
se irá de ti.

PIEDRA LIBRE

Caminé,
mis medias suelas yo gasté
tan sin saber
que alguien –también–
andaba sin lugar...
Un pajarito color miel,
tan desierto...
buscando en quién
anidar...

Piedra libre
para ti.
Cerré el ayer,
la llave la tiré...
Te encontré...
Te encontré...
Te encontré...
Mi llave al aire arrojé.

Ay, mi amor,
chiquilla, gorrioncita o flor,
mi amanecer...
Todo mi ser
contigo va a soñar...
Ah... dulce maga de mi piel
te esperaba...
El tiempo es hoy
de empezar.

PROHIBIDO

Él llega... se echa al galope
mi corazón desbocado.
Por no mirarlo, soy miope...
(finjo si pasa a mi lado).

Me voy "desencuadernando"
—como mi diario secreto—
mientras lo oigo recitando
un romance... algún soneto...

Y en tanto la clase dura,
de su voz tiemblo al sonido.
Doctor en Literatura...
primer amor... y prohibido...

Canción de la supersticiosa

Dicen: creer en brujas es
superstición...
Si a un gato negro le temes...
superstición...
Pero a todo viejo dicho
presto atención
y –por si acaso– engualicho*
tu corazón.

Toco madera,
toco madera...
y si es sin patas mejor,
para que dure
tu primavera
a mi alrededor
y que en el tiempo perdure
todo tu amor.

Si te asusta volcar sal…
superstición…
Si el trece te suena mal…
superstición…
Y como no pierdo nada
por estas cosas,
dedos cruzo, enamorada…
supersticiosa…

* En la Argentina y Uruguay "engualichar" significa hechizar, de acuerdo con el Diccionario de la Real Academia Española.

HOY EMPIEZO A OLVIDARTE

Tantos soles te esperaron en vano...
Tantas noches tu recuerdo me abrigó...
A estar sola aprendí de tu mano...
Beso en sombras tu boca me dio...

Pasajero de un solo verano,
es un río de adiós mi canción,
que te lleve a otro puerto lejano,
pasajero de mi corazón.

Me fui acostumbrando a tu ausencia...
Me fui acostumbrando a este dolor...
Hoy me empieza a sobrar tu presencia...
Hoy empiezo a olvidarte, mi amor.
De ojos tristes estoy...
De alma libre me voy...
Hoy empiezo a olvidarte, mi amor.

IMAGINERÍA

Ella fue un pajarito
En su vida anterior...
Su voz de jilguerito
me vibra alrededor.

Es mágica... es alada...
Niñita voladora...
y su varita de hada
abrillanta mis horas.

¿Piensa que habla? Gorjeando
—mirada transparente—
sus plumas pasa dando...
(No lo advierte la gente.)

De ella —enamorado—
desde el día primero
conozco su pasado.

Y yo —que fui delfín—
en mi idioma marero
le abro mi alma sin fin...

Amor secreto

Te amo en silencio, sin un lamento;
sin perturbarte con mi ansiedad...
Siendo un suspiro triste en el viento.
Siendo –a tu lado– serenidad.

En este cielo de cada día
al cual tus ojos elevarás,
estará mi alma en melancolía
para adorarte. No lo sabrás.

Te amo al mirarte. Cuando te alejas,
mi pensamiento detrás de ti
con tu recuerdo... cuando me dejas.
Tristeza inmensa de amarte así.

ESCALERA

Son mil peldaños...
(¡Apenas subió cinco
durante años!)

Es la escalera
que conduce a mi alma...
(¡Ah... si entendiera!)

Mil escalones...
Se resbala en el sexto;
da tropezones...

Me ve bonita.
Sólo eso lo acerca
para una cita.

Ganó el desgano:
si no lee mi alma,
volverá en vano.

ESO BASTA

De pronto, el Universo se diluye,
en gotas tiempo-espacio se deshace.
La Tierra me ha dejado. Ya no existe.
El Sol perdió su luz en el ocaso.
¿Dónde se ocultan los hombres y los niños?
¿En qué nido gigantesco tantos pájaros?
¿Y las plantas y las calles y los puentes?
¿Por qué no veo mi sombra en el asfalto?
¿Adónde huyó el verano —de repente—
dejando tras de sí sólo palabras?
Camino mi soledad y la acaricio.
Toco la piel del silencio y no me espanta.
Sólo estás tú. Y tú eres todo el mundo.
Mi Universo. Yo te amo y eso basta.

Romance del país
que no conocí

No conocí el paisito
de donde tú llegabas:
lo busqué en cada mapa
pero no figuraba.
Por eso, al ver tus ojos
yo me lo imaginaba
con un río celeste
oleando en sus mañanas.
(¿Fue el río el que te puso
de agua la mirada
y esa manera dulce
de apoyarla en la nada?)
No conocí el paisito
de donde tú llegabas:
por eso, al oír tu risa
yo me lo dibujaba
con una torre alta,
henchida de campanas.

(¿Fue allí donde aprendiste
a alzar la carcajada
y ese modo de darla
sonora, larga, clara?)
No conocí el paisito
de donde tú llegabas.
Toqué tu piel y dije:
—Viene de donde se ama.
Por eso fui tu amiga:
de puro equivocada,
que hoy sé que no había río,
ni torre, ni campanas...
Fuiste un sueño apenitas
y era yo quien soñaba.
Tan sólo había tu pecho
con la puerta cerrada,
sin rincón de caricias,
sin paloma anidada,
sin lugar para un beso,
sin luces ni guitarras.
Por eso, no podías
sentir que me hacías falta

ni beber —de a poquito—
el color de mi lágrima.
Por eso no podías
atarte a mis palabras,
la mitad entre risas
y la otra, lloradas.
En vano tantos versos
de siesta "amanzanada".
En vano tantos versos:
mi silencio extrañabas.
Por eso, sin siquiera
decirme qué pasaba
en un día cualquiera
me dejaste olvidada.
Qué triste es despedirte,
pasajero de mi alma...
Tu recuerdo me sigue
como un pájaro en llamas.
No podías quererme.
Hoy lo entiendo y me daña
pero sé que es la vida
la que anuda o separa.

No conocí el paisito
del que te despegabas
ni tampoco tú el mío,
coloreado de infancia.
¿A quién culpar —entonces—
de estas cosas que pasan?
Me llevo mi solcito:
le sobra a esta nevada.
Mi última muñeca
mira y no entiende nada.
Mi última inocencia
es lágrima en la almohada.
Ya apago los reproches
como apago mi lámpara,
mientras una certeza
se enciende en madrugada:
No pudiste quererme.
Eso es todo. Qué lástima.

Sin equipaje

Huyó la calma.
La tristeza −invasora−
llueve en mi alma.

El tiempo, quiero
desde que él se marchó,
mira indiscreto.

Tiempo ignorante…
¿Qué sabrás del dolor
de aquel instante?

Viernes, las tres
y catorce minutos.
Febrero el mes.

Sin equipaje,
rùmbo al cielo –tal vez–
partió de viaje...

Cuando te vas...

"Adiós"... que vibra en el ambiente todo,
que llega y hiere,
que se agranda
y muere...
Cuando te vas de mí –así–
cómo te siento
ubicarte en un hueco de mi alma,
como sombra de otoño
(que es más sombra),
como un pájaro azul...
¡Cómo te siento!

"Adiós"... que vibra en el ambiente todo.

RESPUESTA

Tus sueños se instalaron en mi casa:
los que sientes, también a mí me pasa...
aunque pueda –apenas– susurrarte
versos flacos y breves más confiarte

que es muy bello el amor que nos ha unido
y no conocerá tiempo de olvido.
Tú eres –si estoy triste– sol de enero
para mi corazón... y al tuyo quiero.

Te agradezco esa luz de tu presencia
(¡qué regalo para mi adolescencia!).
A ti –mi ángel guardián de carne y huesos–
irrompibles abrazos... y mil besos.

¿DÓNDE ESTÁS?

María tiene encerrado
al mar en un caracol...
(¡Ay, María, ten cuidado!)

Ella oye un canto hermoso
con cascabeles marinos...
(¡Ay, María, es peligroso!)

Corre a escuchar en las playas
al mar de su caracol...
(¡Ay, María, no te vayas!)

Se enamora del sonido
y hace su casa en el mar...
(¡Ay, María, te he perdido!)

Ya no la conozco más:
se ha disfrazado de ola...
(¡Ay, María! ¿Dónde estás?)

(Dicen los diarios de enero
que la tragó la marea...
¡No, María, yo te espero!)

REENCUENTRO

Éramos tan chicos
hace siete otoños...
De dientes de leche;
de ositos y moños.

Y nos reencontramos
casi adolescentes.
No somos los mismos.
Todo es diferente.

Distinto mi canto,
otra tu mirada.
Yo, soñando tanto
y tú deslumbrada.

Tu mano en la mía,
mi boca en tu pelo,
buscando la tuya
donde se abre el cielo.

Casi adolescentes
hoy —los dos— mi amada.
Que sepa la gente:
no nos falta nada.

Nos une el amor
profundo y primero...
¡Qué felicidad
decirnos: "Te quiero".

Tan tristemente

Tan tristemente
llego hasta mí,
entro en mis horas,
vuelvo a mi sangre...
Voy –nuevamente–
hacia la tarde,
conmigo a rastras
junto a la gente.
Saluda –entonces–
mi soledad,
la absorbe el alma
(nada de quejas...).
Retorno al mundo
si tú te vas,
si tú no estás,
si tú me dejas...

NONES

No caben —ya— en mi alma
más cicatrices...
Por eso, sea cuidado
lo que me dices.

No hay sitio liberado
para otra pena...
Por eso, monta en calma,
que el río suena.

No más de esta cosecha
de soledades...
ni tampoco esa brecha
por la que evades...

Desde mi edad más breve
soy muy paciente.
En esta tarde llueve
y —de repente—

me miro en el espejo:
de amor desierta...
¡No olvides que te dejo
la puerta abierta!

ADIÓS

Aunque la sombra del ayer cubre mis manos
diciendo que aquí estás, yo no te siento.
Tú fuiste hacia ti mismo sin marcharte,
te llamo sin nombrarte y no te encuentro.
Quiero pedirte perdón por este olvido,
pájaro envuelto en brumas de recuerdo,
alas de agua lloviéndome al presente...
Aunque quiero regresar, no me detengo.
Y siempre así. Al pan de tu ternura,
dulce muchacho, adiós... Se queda en tus espejos
mi simpleza de ser, mis gestos idos,
mi corazón hiriéndose en el viento.

CRECER DE GOLPE

Tú me dijiste que me querías...

Era una tarde de primavera...
Cálida brisa... Hojas serenas...
Fue aquella tarde... Murió mi espera,
hojas dichosas temblaron plenas.

Me fui cantando por el camino.
Todo era mío: la luz, el cielo,
el trigo rubio, la flor del lino,
la fruta verde, tu oscuro pelo...

Corrí a la vera de la laguna,
miré a mi rostro como a un hermano,
lloré esa suerte más que a ninguna
y con el llanto lavé mis manos.

Era una tarde de primavera.
Crecí de golpe por tu cariño...
En esa tarde supe quién era
y en la laguna se quedó un niño...

¿QUÉ PASARÍA?

¿Qué pasaría si –de pronto– mis zapatos
corrieran locamente las distancias
y anocheciera –alegre– con tu boca,
un poquito de mi amor entre tus manos?
¿Qué pasaría si las ganas de estar juntos
se buscaran –al galope– por la tarde
y se encontraran –por fin– así, de pronto,
a descolgar tanto crepúsculo en las plazas?
¿Qué pasaría si entendieras que te espero?,
¿si yo supiera que te faltan mis miradas?,
¿si el mañana se durmió y una y otro
volara hacia el "nosotros" por las calles?
¿Qué pasaría –digo yo– si eso pasara?
¿Qué pasaría? –digo yo– pero –¡ay!– no pasa...

Amor afantasmado

Nunca te vi.
En juegos de mis sueños
te conocí.

Cuando dormía,
eras el fantasmita
que aparecía...

Paz contagiabas
y versos de la noche
me recitabas.

De adolescente,
te busqué por las calles,
entre la gente.

No te encontré...
y de otro muchachito
me enamoré.

Tu imagen bella
no retornó a mis sueños...
¿Se fue a una estrella?

Ah..., fantasmita...
¿Serás amor primero
de *otra* niñita?

Semilla de nada

Este amor es un niño invisible,
es un ave herida,
que aletea en mi ser
y se pierde
en la noche encendida...

Este amor es un cuento imposible,
es luna escondida,
es paloma de adiós
porque nunca
llegaste a mi vida...

Es un sueño sin amanecer
mi sueño —¡ay, amada!—...
No me puedes querer...
Tú y yo somos
semilla de nada.

Quisiera dibujarla

Hoy...
que tan sólo me queda en el joven recuerdo
esa niñez de tu mirar,
rodando en la melancolía
de la palabra "adiós"...
tu rostro de cobre desnudo
ensayando sonrisas...
tus manos buceando en el aire
atrapando versos...
y tu boca-lágrima,
boca-mar,
boca-océano
que se desborda, dándote...
Hoy...
Porque tu alma
es un paisaje de hermosura infinita,
quisiera dibujarla...

Estás en cada muchacha

Romance del amor solo
y de muchacho ensoñado.
Trovador siglo veintiuno,
con mi canto alucinado.
Vengo de un ancho silencio
pero en mi música estoy;
también en cada palabra
que te cuenta cómo soy.
Porque por ti —aunque no sepas—
vivo dejando estas huellas...
A ti, mis versos, mi canto
y mi sombrero de estrellas.
Quisiera decirte tanto,
niña de mi madrugada,
mujercita puro ojos,
mi pequeña imaginada...

Quisiera decirte todo
lo que siento en tu presencia:
que derrotaste mi miedo...
que barriste tanta ausencia...
que desde que te apareces
sobrevolando mi almohada
mis sueños son una fiesta
que se alzan en llamarada;
que no importa que murmuren
que es mi amor quien te inventó:
estás en cada muchacha
y en cada muchacho, yo.
Y sé que será el encuentro
una siesta anaranjada,
los soles que llevo dentro
te encenderán la mirada.
Mariposas —de mis ojos—
saldrán al verte llegar
y en la hondura de los tuyos
las dejarás anidar.
Sencillo reconocerme:
mi sonrisa va adelante,

separada de mi rostro
como un avecita errante.
Sencillo reconocerme:
mis versos y mi guitarra
se espejearán en tu boca,
mi alma romperá amarras.
Porque sé que alguna tarde
te diré —al fin— que te quiero
y seré para tu vida
el cálido amor primero.
Que diga —entonces— la gente
que este sentir te inventó…
Estás en cada muchacha
y en cada muchacho, yo.

ÍNDICE

ELSA BORNEMANN

Hija de un relojero alemán y de una argentina descendiente de portugueses y españoles, nació en la ciudad de Buenos Aires. Es Maestra Normal Nacional y estudió lenguas extranjeras. También obtuvo el Doctorado en Letras.

Escribe novelas, cuentos y poemas; ha compuesto canciones y guiones para teatro. Ha publicado muchísimos libros para niños, entre los que se encuentran *¡Socorro!*, *Tinke-Tinke*, *Un elefante ocupa mucho espacio* y *El libro de los chicos enamorados* (55 poemas y un cuento).

Ha recibido numerosos reconocimientos por sus libros y por su trayectoria. Por ejemplo, en 1976, *Un elefante ocupa mucho espacio* integró la Lista de Honor de IBBY y, en 1982, El Banco del Libro de Venezuela incluyó *El libro de los chicos enamorados* entre los "Diez mejores libros para niños".

Esta obra se terminó de imprimir en enero de 2010,
en los talleres de Litográfica Ingramex, S.A. de C.V.
Centeno 162-1, Col. Granjas Esmeralda,
C.P. 09810, México, D.F.